Buena Prensa

Prof. Felipe Aquino

El Bautismo

Buena Prensa

Buena Prensa

Título original: **Batismo**
© 2007 Editora Cançao Nova,
Sao Paulo, SP, Brasil
ISBN: 978-85-7677-086-2

Título: **El Bautismo**
Felipe Aquino

ISBN: 978-607-7795-48-3

1a. edición, agosto 2010
2a. reimpresión, mayo 2020

Impreso en México, por Arte Digital, S. A. de C.V.

Índice

1 Qué son los sacramentos

Antes de estudiar el sacramento del Bautismo, necesitamos comprender en qué consisten los siete sacramentos que Cristo dejó para su Iglesia; y asimismo, el significado de los sacramentales.

Con su muerte y resurrección, Jesús redimió el mundo e instituyó la Santa Iglesia, su Cuerpo místico, para llevar la salvación, que él conquistó, a todos los hombres de todos los tiempos y lugares, hasta su regreso cuando concluya la historia, en la Parusía, y juzgue a la humanidad.

Jesús les encomendó a sus Apóstoles, actualmente nuestros obispos, la misión de llevar la salvación a toda la humanidad, a través de la predicación del Evangelio y la celebración de los sacramentos.

En consecuencia, el Concilio Vaticano II calificó a la Iglesia como "sacramento universal de salvación" (LG 48). La Iglesia es el brazo extendido de Cristo en la historia de los hombres. Cuando la Iglesia nos toca, Cristo mismo nos toca. Cuando la Iglesia nos abraza, Cristo es quien nos abraza; cuando la Iglesia nos bautiza, Cristo mismo nos bautiza; cuando la Iglesia nos perdona mediante la confesión, Cristo es quien nos perdona… Es decir, la Iglesia es portadora y administradora de la salvación, a través de los siete sacramentos que administra en nombre de Jesús.

Los Sacramentos son "los canales por donde fluye la salvación" de todos los hombres, que Cristo conquistó con su muerte y resurrección.

Los hombres se relacionan íntimamente con Cristo, con la Iglesia y con toda la liturgia. En todos ellos existe un común denominador, es decir, un concepto de signo (*semeion*, en griego) eficiente o señal que ejecuta lo que Cristo le indica.

La santísima humanidad de Cristo es el gran signo eficiente, transmisor de la gracia. Asimismo, la Iglesia, como cuerpo de Cristo que se extiende en la historia de los hombres (cfr. Col 1, 24), y la liturgia, con sus ritos sagrados, continúan dicha función.

Cristo no sólo toca al cristiano a través de los Sacramentos de manera psicológica o afectiva, sino de manera concreta.

Los sacramentos son dichos signos comunicantes de la gracia divina.

Por eso, el cristiano no puede vivir sin los sacramentos. El cristianismo no es tan solo una filosofía religiosa; es mucho más que eso. Es "comunión de vida con Dios mismo", en la forma en que él lo estableció, particularmente a través de los sacramentos.

Todo sacramento es un signo, que no sólo "indica", sino que "**realiza lo que indica**"; así, el agua del Bautismo revela la purificación del niño **y la realiza**. Los sacramentos perpetúan la santísima humanidad de Cristo, que enfatiza y realiza la salvación de los hombres. Por eso, la Iglesia con los siete sacramentos constituye "el gran Sacramento –el orden sacramental por donde fluye la vida eterna del

Padre que alcanza a cada individuo en particular" (E. Bettencourt).

Cada sacramento consta de materia (agua, pan, vino, gestos…) y forma, es decir, las palabras que se dicen sobre la materia, confirmando con ello su sentido: "Yo te bautizo…". "Esto es mi Cuerpo…".

Los sacramentos son signos visibles porque el ser humano está formado de un cuerpo y un alma; transita de lo visible a lo invisible.

Tertuliano (+220) decía que:

"La carne (el cuerpo) es eje de salvación. Se lava el cuerpo para que el alma se purifique; se unge el cuerpo para que el alma quede consagrada… el cuerpo se nutre del Cuerpo y la Sangre de Cristo, para que el alma se alimente de Dios… Por lo tanto, no pueden estar separados en la recompensa, ya que están unidos en las obras de la salvación" (*Sobre la Resurrección de la Carne*, 8, PL2, 852).

Los sacramentos actúan "ex opere operato"; esto significa que actúan con la fuerza del rito en sí mismo, e independientes de la santidad del ministro. En otras palabras, Cristo administra todos y cada uno de los sacramentos, porque él es el único sacerdote del Nuevo Testamento; los demás son, como dice santo Tomás de Aquino, sus ministros ordenados.

Si la Iglesia ordena de manera válida a los ministros, éstos administran los sacramentos con la misma intención que Cristo y participan así del único sacerdocio de Cristo y su acción es eficaz.

Todo sacramento produce dos efectos: **el carácter y la gracia santificante**. El carácter es una marca. Es "el sello espiritual" que imprimen tres sacramentos en el alma del cristiano y que no pueden repetirse: Bautismo, Confirmación y Orden. Los demás sacramentos dejan un "casi carácter"; por ejemplo, el vínculo conyugal para los casados de manera válida.

Esta marca significa "pertenecer a Cristo", y no depende de la disposición moral de la persona que recibe el sacramento. San Agustín comparaba dicha marca con la de las ovejas, la del ganado, e incluso la que imponen los amos a sus esclavos. Aunque deserte el esclavo, la conservará para toda la vida.

La gracia santificante que trasmite el sacramento es la "participación de la vida divina" que mencionó San Pedro (1 Pe 1, 4), la cual puede dejar de recibir la persona si la entorpece. Por ejemplo, si alguien comulga en pecado grave o bien no cree en la Eucaristía, recibe igualmente el verdadero Cuerpo de Cristo, pero no así su gracia. Por eso, los frutos de los sacramentos dependen del esfuerzo de conversión de la persona; de su disposición interior.

"Toda la vida litúrgica gira en torno al sacrificio [eucarístico] y los sacramentos" (SC 6), afirma el último Concilio.

En la Iglesia hay siete sacramentos: Bautismo, Penitencia o Reconciliación, Eucaristía, Confirmación o Crismación, Matrimonio, Orden sacerdotal y Unción de los enfermos" (CIC §1113).

Los sacramentos incluyen en sí mismos todas las gracias que necesitamos a lo largo de la vida para que la imagen de Cristo se incorpore en nosotros. Nacemos de nuestros padres para una vida de sufrimientos que heredamos de Adán; el **Bautismo** nos hace renacer, dándonos una vida nueva, de hijos de Dios, herederos del Cielo, al pasar por la muerte y resurrección de Cristo (cfr. Rom 6, 1-11).

Al poco tiempo, el niño alcanza la adolescencia y se fortalece; en la vida espiritual, recibe el sacramento de la

Confirmación a través del cual se le da, por el don del Espíritu Santo, la madurez espiritual y la fuerza para vivir y dar testimonio de la fe.

Cada día, la vida necesita recibir el alimento del pan; sin embargo, esto no impide que llegue la muerte; por eso, Cristo nos da, a través de la Iglesia, el Pan del cielo, la Eucaristía, que es "remedio y sustento" para el camino, y nos garantiza la vida eterna.

Los dolores amenazan nuestro cuerpo y vida terrenal; asimismo, los pecados amenazan nuestra vida espiritual. Contamos con los remedios para la vida del cuerpo y Cristo nos da, mediante el sacramento de la Penitencia, el remedio que cura el alma.

Cuando llegamos a la vida adulta elegimos nuestra carrera u oficio, y nos preparamos para el ejercicio profesional; en la vida espiritual nos entregamos a nuestra vocación, de servicio. Para lograr esta misión, Dios nos da el sacramento del **Matrimonio** y el del **Orden**.

Al final de la vida, o en enfermedad grave, cuando el sufrimiento e incluso la muerte nos acechan, una vez más Cristo nos ampara y prepara para curarnos, o bien nos dispone para el desenlace final, haciéndonos acompañar por el sacramento de la Unción de los enfermos.

De esta manera, los sacramentos nos acompañan a lo largo de toda la vida, para que no muera la vida espiritual y siempre seamos felices en compañía de Cristo, y podamos llegar "al estado de hombre perfecto y a la madurez de la plenitud de Cristo" (cfr. Ef 4, 13; 1 Cor 2, 6).

2 Qué son los sacramentales

El *Catecismo de la Iglesia* enseña:

"Se llaman sacramentales los signos sagrados instituidos por la Iglesia cuyo fin es preparar a los hombres para recibir el fruto de los sacramentos y santificar las diversas circunstancia de la vida. Entre los sacramentales, las bendiciones ocupan un lugar importante. Comprenden a la vez la alabanza de Dios por sus obras y sus dones, y la intercesión de la Iglesia para que los hombres puedan hacer uso de los dones de Dios según el espíritu de los Evangelios" (§§1677, 1678).

Además de la liturgia, la vida cristiana se nutre de otras formas de devoción popular que se encuentran fuertemente arraigadas en las diferentes culturas. La Iglesia ayuda a explicarlas a la luz de la fe y valora las formas de religiosidad popular acordes con el Evangelio, que enriquecen la vida cristiana.

El objetivo de los sacramentales es consagrar a Dios la vida entera del hombre, y asimismo, el entorno que habita, para alejarlo de los peligros y permanezca así siempre con la mirada dirigida a Dios, librándolo de los pecados en todo momento.

Los sacramentales son signos sagrados de dos tipos: **objetos** (medallas, crucifijos, rosarios, escapularios…), y **oraciones**, presentes en las bendiciones (alimentos, oficinas, casas, automóviles, imágenes, máquinas, tierras, enfermos, etcétera), las consagraciones (iglesia, altar, cáliz, Abad, Virgen, niño después del bautismo, esposa, esposo…) y los exorcismos.

La lista de sacramentales es bastante extensa. Conforme se diversifican las situaciones de la vida moderna, la Iglesia también diversifica y amplía sus oraciones; porque nada es profano en la vida del hombre. La *Sacrosanctum Concilium* dice: "Hace también que el uso honesto de las cosas materiales pueda ordenarse a la santificación del hombre y alabanza de Dios" (SC 61).

La eficacia santificadora de los sacramentales es diferente a la de los sacramentos. Su fuerza radica en la oración de la Iglesia y la disposición de la persona que recibe o utiliza el sacramental. Esta eficacia se denomina *ex opere operantis Ecclesiae* y depende de la fe y devoción del ministro y del devoto. En los sacramentos es diferente, su eficacia (realización) no depende de la santidad de los ministros ni del fiel, ya que la acción pertenece a Cristo (*ex opere operato*).

No puede exagerarse el valor del sacramental, como si fuera un ritual mágico o un amuleto, superstición o fanatismo. Por otra parte, no puede despreciarse su valía, ya que el Concilio Vaticano II confirmó su valor y necesidad.

El hombre es el representante de Dios en el mundo, y debe dominar el mundo con técnica y trabajo. Los sacramentales lo protegen del mal y no le permite que coloque a Dios en segundo lugar. El pueblo se siente atraído por los sacramentales y si la Iglesia dejara de administrarlos, la gente estaría en grave peligro de dejarse llevar por supersticiones, amuletos, hechicería, etcétera.

3 El sacramento del Bautismo

El Bautismo es el primer sacramento y el de mayor importancia para el perdón de los pecados: nos une a Cristo muerto y resucitado y nos da el Espíritu Santo.

El *Catecismo de la Iglesia* enseña que el santo Bautismo es "el fundamento de toda la vida cristiana, el pórtico de la vida en el espíritu (*vita spiritualis iauna*) y la puerta que abre el acceso a los otros sacramentos. Por el Bautismo somos liberados del pecado y regenerados como hijos de Dios, llegamos a ser miembros de Cristo y somos incorporados a la Iglesia y hechos partícipes de su misión" (CCE §1213).

Recibir el Bautismo no es suficiente para ser socio de un "club" denominado "Iglesia". Es algo más; es "renacer de nuevo"; participar de la muerte y resurrección de Cristo; es ser arrancado del mundo de las tinieblas y del dominio de Satanás, ser liberado del pecado, ser miembro de Jesucristo, incorporado a la Iglesia, Cuerpo místico de Cristo; y asimismo, participar de su misión salvadora del mundo.

Incorporados a la Iglesia, Cuerpo de Cristo

El Bautismo nos hace miembros del Cuerpo de Cristo. "Todos somos miembros del mismo cuerpo" (Ef 4, 25). El Bautismo le da cuerpo a la Iglcsia. El único pueblo de Dios de la nueva alianza nace de las fuentes bautismales, que sobrepasa todos los límites naturales o humanos de naciones, culturas, razas y sexos: "Nos hemos bautizado en un solo Espíritu para formar un solo cuerpo" (1 Cor 12, 13). "Ustedes son el cuerpo de Cristo, y cada uno en particular, miembros de ese cuerpo" (1 Cor 12, 27). "Es como en un cuerpo: tenemos muchos miembros, no todos con la misma función; así, aunque somos muchos, formamos con Cristo un solo cuerpo, y estamos unidos unos a otros como partes de un mismo cuerpo" (Rom 12, 4-5).

El Bautismo nos hace partícipes del sacerdocio común de los fieles.

Los bautizados se convirtieron en "piedras vivas" y participan en la "construcción de un templo espiritual, y forman un sacerdocio santo" (1 Pe 2, 5). Mediante el Bautismo participan del sacerdocio de Cristo, de su misión profética y real; "ustedes son raza elegida, sacerdocio real, nación santa y pueblo adquirido para que proclame las maravillas del que los llamó de las tinieblas a su maravillosa luz" (1 Pe 2, 9).

El término bautismo

Este Sacramento se denomina bautismo debido al rito central que lo motiva: bautizar (*baptízein*, en griego) significa "sumergir", "hundir"; la "inmersión" en agua simboliza la sepultura del catecúmeno en la muerte de Cristo.

San Pablo se lo explica así a los cristianos de Roma:

"¿No saben que cuantos fuimos bautizados en Cristo Jesús, fuimos bautizados en su muerte? Por el bautismo fuimos sepultados con él en la muerte, para que así como Cristo resucitó de la muerte por la acción gloriosa del Padre, también nosotros llevemos una vida nueva. Porque, si nos hemos identificado con él por una muerte como la suya, también nos identificaremos con él en la resurrección" (Rom 12, 4-5).

En el bautismo, el niño resucita como una "creatura nueva" en Jesucristo: "Y murió por todos para que los que viven no vivan para sí, sino para quien por ellos murió y resucitó. De modo que nosotros de ahora en adelante no consideramos a nadie con criterios humanos; y si un tiempo consideramos a Cristo con criterios humanos, ahora ya no lo hacemos. Si uno es cristiano, es una creatura nueva. Lo antiguo pasó, ha llegado lo nuevo" (2 Cor 5, 15-17).

El Bautismo también se denomina "baño de regeneración y renovación en el Espíritu Santo". San Pablo dice: "No por méritos que hubiéramos adquirido, sino por su sola misericordia, nos salvó con **el baño del nuevo nacimiento y la renovación por el Espíritu Santo**" (Tit 3, 5).

Significa y realiza este nuevo nacimiento a partir del agua y el Espíritu, sin el cual nadie puede entrar en el Reino de Dios: "Te aseguro que, si uno no nace del agua y del Espíritu, no puede entrar en el reino de Dios" (Jn 3, 5).

San Gregorio Nacianceno (+389), doctor de la Iglesia, califica al Bautismo así: "El Bautismo es el don de Dios de mayor belleza y magnificencia (…) Para nosotros es don, gracia, unción, iluminación, vestidura incorruptible, baño de regeneración, sello, y todo aquello que ostente gran hermosura. Don, porque se le confiere a quienes nada tienen; gracia, porque se le da incluso a los culpables; bautismo, porque el agua sepulta el pecado; unción, porque es sagrado y real (así son los ungidos); iluminación, porque es luz resplandeciente; vestidura, porque cubre nuestra vergüenza; baño, porque lava; sello, porque nos protege y es señal del señorío de Dios" (*Oraciones*, 40, 3-4: Patrología griega 36, 361C).

La prefiguración del Bautismo

La Iglesia ve en el arca de Noé la prefiguración de la salvación a través del Bautismo. El arca de Noé es símbolo de la Iglesia y del Bautismo; quien entra en ella a través de la puerta del Bautismo, se salva del diluvio del pecado. Por ella, como dice san Pedro, "unos pocos, ocho personas, se salvaron atravesando el agua" (1 Pe 3, 20).

Sin embargo, en la travesía del Mar Rojo, liberación de la esclavitud de Israel en Egipto, la Iglesia intuye el anuncio de liberación que ofrece el Bautismo. En la Vigilia Pascual, el Misal Romano nos prescribe rezar: "Dios nuestro, que hiciste pasar a pie enjuto por el Mar Rojo a los hijos de Abraham, a fin de que el pueblo liberado de la esclavitud del faraón, prefigurara al pueblo de los bautizados".

Con su pasión y muerte de cruz, aceptadas libremente, Cristo abrió a toda la humanidad las fuentes del Bautismo. En diversas ocasiones, Jesús les habló a los Apóstoles sobre la pasión que sufriría en Jerusalén y asimismo del "Bautismo" con que sería bautizado.

Desde los primeros tiempos, la Iglesia percibió en la sangre y el agua que brotaron del costado herido de Jesús crucificado, la figura del Bautismo y de la Eucaristía; sacramentos ambos de vida nueva. A partir de la Pasión de Cristo, el hombre puede "nacer del agua y del Espíritu" para entrar en el Reino de Dios (cfr. Jn 3, 5) Todos los sacramentos tienen su origen en la cruz del Señor resucitado, en especial el Bautismo y la Eucaristía.

Desde el día de Pentecostés, la Iglesia celebra y administra incansablemente el Bautismo. San Pedro, en la misma mañana de Pentecostés, persuade a la multitud conmovida por su predicación: "Arrepiéntanse y háganse bautizar invocando el nombre de Jesucristo, para que se les perdonen los pecados, y así recibirán el don del Espíritu Santo" (Hech 2, 38).

El Bautismo siempre se vincula con la fe: "Cree en el señor Jesús y te salvarás, tú con tu familia", le dice san Pablo a su carcelero de Filipo. El relato continúa: "y se bautizó [el carcelero] con toda su familia" (Hech 16, 31-33).

Por lo tanto, el Bautismo es un baño de agua donde "la semilla incorruptible" de la Palabra de Dios produce su efecto vivificante. San Agustín, al hablar sobre el Bautismo, dice: "Se une la palabra al elemento, y ocurre el sacramento" (*Comentario al Evangelio Juan*, 80, 3).

Fe y Bautismo

El Bautismo es el sacramento de la fe: "Vayan por todo el mundo proclamando la Buena Noticia a toda la humanidad. Quien crea y se bautice se salvará; quien no crea se condenará" (Mc 16, 15-16).

Sin embargo, la fe necesita a la comunidad de creyentes. Los fieles sólo pueden llegar a creer dentro de la fe de la Iglesia. Cada uno de nosotros puede tener dudas de fe, pero la Iglesia nunca las tendrá. La fe que requiere el Bautismo no es una fe perfecta y madura, sino que es algo que nace y deberá crecer. El día del bautismo, la Iglesia le pregunta al catecúmeno o a su padrino: "¿Qué piden a la Iglesia de Dios? Y responden: "¡Fe!".

La Iglesia no desea que se bautice una persona y que ésta no abunde en su fe; por eso, pide que los padres y los padrinos acompañen al niño en su crecimiento espiritual. La Iglesia les pide a los padres y padrinos que por lo menos tomen el curso del bautismo para que reconozcan la importancia vital de este sacramento. En principio, cualquier niño puede ser bautizado; sin embargo, el párroco puede aplazar el bautismo de un niño si considera que no se le acompañará en el crecimiento de su fe católica.

En el Bautismo, se perdonan todos los pecados

Mediante el Bautismo se perdonan todos los pecados: el pecado original y todos los pecados personales, junto con todas las penitencias del pecado que debería cumplir la persona en el Purgatorio. No hay nada que les impida a los regenerados, de esta manera, a entrar en el Reino de Dios: ni el pecado de Adán, ni el pecado personal, ni las secuelas del pecado, siendo la más grave de éstas separarse de Dios.

El fundamento de la unidad de los cristianos

El Bautismo es el fundamento de la unidad y comunión entre todos los cristianos, incluso aquellos que aún no están en comunión plena con la Iglesia católica. El Concilio Vaticano II dice:

"Puesto que quienes creen en Cristo y recibieron el bautismo debidamente, quedan constituidos en alguna comunión, aunque no sea perfecta, con la Iglesia católica. (…) Sin embargo, justificados por la fe en el bautismo, quedan incorporados a Cristo y, por tanto, reciben el nombre de cristianos con todo derecho y justamente son reconocidos como hermanos en el Señor" (*UR*, 3). El bautismo, por tanto, constituye un poderoso vínculo sacramental de unidad entre todos los que con él se han regenerado (*UR*, 22).

Señal espiritual indeleble

El bautizado, al incorporarse en Cristo a través del Bautismo, se configura con Cristo. El Bautismo imprime en el cristiano un sello espiritual indeleble (*carácter*) de su pertenencia a Cristo. Ningún pecado borra este sello, aunque si bien evita que el Bautismo dé frutos de salvación. Dado una vez por todas, el Bautismo no puede repetirse. El "sello del Señor" (*Dominicus character*) es el sello con el que nos marcó el Espíritu Santo "para el día de la redención" (Ef 4, 30). El "Bautismo, en efecto, es el sello de la vida eterna". El fiel que "guarde el sello" hasta el fin, es decir, que permanezca fiel a las exigencias de su bautismo, podrá caminar "marcado con "el signo de la fe", con la fe de su bautismo, en la espera de la visión bienaventurada de Dios y en la esperanza de la resurrección.

La necesidad del Bautismo para la salvación

Jesús afirmó que el Bautismo es necesario para la salvación (Jn 3, 5). Asimismo, ordenó a sus discípulos que anunciaran el Evangelio y bautizaran a las naciones (Mt 28, 19-20). El Bautismo es necesario para la salvación de quienes recibieron el anuncio del Evangelio y tuvieron la posibilidad de pedir este sacramento (Mc 16, 16). La Iglesia sólo reconoce el Bautismo como medio para garantizar la entrada en la bienaventuranza eterna; por eso, actúa con diligencia ante la misión que el Señor le encomendó: hacer "renacer del agua y del Espíritu" a todos aquellos que puedan ser bautizados. Dios unió la salvación con el sacramento del Bautismo (cfr. CCE §1257).

La Iglesia enseña que aquellos que mueren por causa de la fe (los mártires), los catecúmenos y todos los hombres que, bajo el impulso de la gracia, sin conocer a la Iglesia, buscan con sinceridad a Dios y se esfuerzan por cumplir su voluntad pueden salvarse, incluso si no han recibido el Bautismo (cfr. LG 16; CCE §1281).

La Iglesia no desea que alguien muera sin haber sido bautizado; por eso, el Código de Derecho Canónico autoriza que cualquier persona puede bautizar a otra que esté en peligro de muerte, en especial un niño, si no hubiera tiempo de llevarlo a la iglesia.

Las secuelas del pecado original

Incluso aun después del Bautismo, permanecen ciertas consecuencias temporales del pecado: sufrimientos, dolor, muerte o situaciones que reflejan la fragilidad de la vida, como la debilidad de carácter, etcétera, así como la propensión al pecado, denominada por la tradición concupiscencia o tendencia al pecado (*fomes peccati*).

La Iglesia enseña que se nos dejó la concupiscencia para utilizarla en nuestras luchas, y que ésta no es capaz de perjudicar a quienes, al no consentirla, resisten valerosamente con la gracia de Cristo. San Pablo dice que "un atleta no gana el premio si no compite según el reglamento" (2 Tim 2, 5). San Agustín decía que la concupiscencia está presente en nosotros para darnos la oportunidad de mostrarle a Dios que lo amamos en verdad, combatiendo con valentía el pecado, por amor a él. Además, en la lucha contra el pecado logramos una mayor santificación.

La gracia santificadora y la gracia actual

El cristiano vive apoyado en la gracia santificante y la gracia actual.

La gracia santificante se recibe en el Bautismo y nos lleva a la vida eterna; es la "participación de la naturaleza divina" (2 Pe 1, 4). Si llegara a perderse debido al pecado mortal, puede recuperarse a través del sacramento de la Penitencia. Por medio de ella, el Espíritu Santo santifica el alma. Nos hace hijos adoptivos de Dios, herederos del Reino de los cielos y coherederos con Cristo. Incluye en sí misma las virtudes infundidas, especialmente, la caridad.

"Y la esperanza no quedará defraudada, porque el amor de Dios ha sido derramado en nuestro corazón por el don del Espíritu Santo" (Rom 5, 5). Nos hace templo vivo de la Santísima Trinidad: "¿Es compatible el santuario de Dios con los ídolos? Porque nosotros somos santuario del Dios vivo. Como dijo Dios: Habitaré entre ellos y me trasladaré con ellos. Seré su Dios y ellos serán mi pueblo" (2 Cor 6, 16). (cfr. Lev 26, 11s).

La gracia santificante es la mayor riqueza del cristiano; no obstante, san Pablo nos advierte: "Ese tesoro lo llevamos en vasijas de barro" (2 Cor 4, 7). De ahí surge la necesidad del temor de perder a Dios, no exponiéndose nunca al pecado. A través de la gracia santificante, el cristiano contempla a Dios dentro de sí mismo y escucha su llamado: "De ese modo el Espíritu viene a socorrernos en nuestra debilidad. Aunque no sabemos pedir como es debido, el Espíritu mismo intercede por nosotros con gemidos que no se pueden expresar" (Rom 8, 26).

La gracia santificante es un don gratuito que Dios nos da de su vida, que infunde el Espíritu Santo en nuestra alma, para curarla del pecado y santificarla.

"Nadie puede merecer la gracia primera que constituye el inicio de la conversión. Bajo la moción del Espíritu Santo podemos merecer a favor nuestro y de los demás todas las gracias útiles para llegar a la vida eterna, como también los necesarios bienes temporales" (CCE § 2027).

La **gracia actual** es un auxilio sobrenatural y transitorio que Dios concede para iluminar nuestra inteligencia y fortalecer nuestra voluntad en la realización de actos sobrenaturales. Este auxilio divino ilumina la inteligencia ante la malicia del pecado y sus terribles consecuencias. Auxilia al cristiano en la lucha diaria contra la tentación y el pecado, y le permite comprender que los preceptos de Dios realmente son el camino de la felicidad. La gracia actual nos ayuda a buscar el bien y evitar el mal.

La gracia actual es necesaria para toda acción sobrenatural. Jesús fue directo: "Separados de mí no pueden hacer nada" (Jn 15, 5). Por la gracia actual logramos perseverar en la fe hasta la muerte. Para que Dios nos conceda su gracia debemos alejarnos de las ocasiones de pecado, porque "el terco se acarrea desgracias" (Sir 3, 27).

El cristiano obtiene las gracias actuales con la oración, y a través de ella logra cumplir sus obligaciones. Por eso, el cristiano no hace nada sin antes rezar, en especial si se trata de una actividad espiritual. La ausencia de gracia actual imposibilita la fidelidad a Dios. También se necesita una voluntad constante para corresponder a la gracia, ya que esto hace al cristiano más apto para recibir nuevas gracias. San Pablo tuvo esta habilidad y dice: "Y su gracia en mí no ha resultado estéril" (1 Cor 15, 10). Es necesario cooperar con la gracia de Dios, haciendo lo que nos corresponde.

Las virtudes teologales

Mediante el Bautismo, la Santísima Trinidad le concede al bautizado la gracia de la justificación, que le proporciona las condiciones para vivir conforme a la voluntad de Dios.

Lo hace capaz de creer en Dios, esperar en él y amarlo a través de las virtudes teologales (fe, esperanza y amor).

Las *virtudes teologales* ayudan al cristiano a comunicarse con la Santísima Trinidad. Tiene a Dios como origen, motivo y meta. Dios, a quien se conoce a través de la fe, es esperado y amado por sí mismo.

Mediante la **fe**, creemos en Dios y en todo lo que él nos reveló y que la santa Iglesia nos propone creer.

Mediante la **esperanza**, deseamos y esperamos en Dios, con firme confianza, la vida eterna y las gracias para merecerla.

Mediante la **caridad**, amamos a Dios por sobre todas las cosas y a nuestro prójimo como a nosotros mismos. Es el "broche de la perfección" (Col 3, 14) y fuente de todas las virtudes.

La Iglesia nos enseña a rezar proclamando estas virtudes.

Acto de Fe

Creo firmemente en un solo Dios, en tres Personas realmente distintas, Padre, Hijo y Espíritu Santo. Creo que el Hijo de Dios se hizo hombre, padeció y murió en la cruz para salvarnos y al tercer día resucitó. Creo en todo lo que cree y enseña la santa Iglesia católica, porque Dios, verdad infalible, lo reveló. En esta creencia quiero vivir y morir.

"Los bautizados 'renacidos [por el bautismo] como hijos de Dios están obligados a confesar delante de los hombres la fe que recibieron de Dios por medio de la Iglesia' y de participar en la actividad apostólica y misionera del Pueblo de Dios" (CCE § 1270).

Acto de Esperanza

Dios mío, espero con firme confianza, que por los méritos de nuestro Señor Jesucristo, me concederás la salvación eterna y las gracias necesarias para obtenerla, porque eres sumamente bueno y poderoso; se lo prometiste a quien cumpliera el Evangelio de Jesús, y es lo que me propongo hacer con tu ayuda.

Acto de Caridad

Dios mío, te amo con todo mi corazón y por sobre todas las cosas porque eres infinitamente bueno y compasivo, y antes de ofenderte prefiero perder todo. Por amor a ti, amo a mi prójimo como a mí mismo.

Los dones infundidos por el Espíritu Santo

La vida moral de los cristianos tiene como fundamento los dones del Espíritu Santo. Estos dones son disposiciones permanentes que hacen dócil al hombre para seguir los impulsos del Espíritu mismo.

El Bautismo confiere el poder de vivir y actuar bajo el impulso del Espíritu Santo, a través de sus dones denominados infusos (sabiduría, ciencia, inteligencia, consejo, fortaleza, piedad y temor de Dios). Dichos dones hacen que el Espíritu Santo actúe en el alma del bautizado permitiéndole crecer en la fe y el amor a Dios.

Mediante el Bautismo, el Espíritu Santo le permite crecer en el bien por las virtudes, de tal forma que todo el contexto de vida sobrenatural del cristiano se funda en el Bautismo mismo. Los fieles adquieren docilidad para obedecer con prontitud las inspiraciones divinas. San Pablo dice:

"Todos los que se dejan llevar por el Espíritu de Dios son hijos de Dios... Si somos hijos, también somos herederos: herederos de Dios, coherederos con Cristo" (Rom 8, 14-17).

Las virtudes cardinales o morales

La gracia del Bautismo ayuda al bautizado a vivir las virtudes que la Iglesia denomina cardinales.

La virtud es una actitud constante y firme de hacer el bien. Las virtudes humanas son disposiciones permanentes del entendimiento y la voluntad que regulan nuestros actos, ordenan nuestras pasiones y guían nuestra conducta según la razón y la fe.

Cuatro virtudes desempeñan una función de "bisagra" (en latín, se dice *cardo, cardinis*). Por esto se denominan "cardinales". Todas las demás se agrupan en torno a ellas. Éstas son la prudencia, la justicia, la fortaleza y la templanza. La Palabra de Dios dice:

"Si alguien ama la justicia, las virtudes serán el fruto de sus esfuerzos; es maestra de templanza y prudencia, de justicia y fortaleza" (Sab 8, 7).

Bajo otros nombres, estas virtudes son alabadas en numerosos pasajes de la Escritura.

La prudencia es la virtud que dispone la razón práctica a discernir en toda circunstancia nuestro verdadero bien y a elegir los medios rectos para alcanzarlo.

"El sagaz se fija en sus pasos" (Prov 14, 15).

"Por eso tengan la moderación y sobriedad necesarias para poder orar" (1 Pe 4, 7).

La prudencia es la "regla recta de la acción", escribe santo Tomás, siguiendo a Aristóteles. No se confunde ni con la timidez o el temor, ni con la dobleza o la disimulación. Es llamada *auriga virtutum*, porque dirige las otras virtudes indicándoles regla y medida. Es la prudencia quien guía directamente el juicio de conciencia. El hombre prudente decide y ordena su conducta según este juicio. Gracias a esta virtud, aplicamos sin error los principios morales a los casos particulares y superamos las dudas sobre el bien que debemos hacer y el mal que debemos evitar.

La justicia es la virtud moral que consiste en la constante y firme voluntad de dar a Dios y al prójimo lo que les es debido. La justicia para con Dios es llamada "la virtud de la religión". Jesús ordenó: "Den a Dios lo que es de Dios y al César lo que es del César". Para con los hombres, la justicia dispone a respetar los derechos de cada uno y a establecer en las relaciones humanas la armonía entre las personas y el bien común. El hombre justo se distingue por la rectitud habitual de sus pensamientos y de su conducta con el prójimo.

"No serás parcial ni por favorecer al pobre ni por honrar al rico. Juzga con justicia a tu prójimo" (Lev 19, 15).

"Amos, traten a sus esclavos con justicia y equidad, sabiendo que también ustedes tienen un Señor en el cielo" (Col 4, 1).

La **fortaleza** es la virtud moral que asegura en las dificultades la firmeza y constancia en la búsqueda del bien. Reafirma la resolución de resistir las tentaciones y superar los obstáculos en la vida moral. La virtud de la fortaleza permite vencer el temor, incluso la muerte, y afrontar pruebas y persecuciones. Da fortaleza para llegar incluso a la renuncia y sacrificio de la propia vida en defensa de una causa justa.

"El señor es mi fortaleza y protección, él fue mi salvador" (Sal 118, 14).

"En el mundo tendrán que sufrir; pero tengan valor: yo he vencido al mundo" (Jn 16, 33).

La **templanza** es la virtud moral que modera la atracción de los placeres y procura el equilibrio en el uso de los bienes creados. Asegura el dominio de la voluntad sobre los instintos y mantiene los deseos en los límites de la honestidad. La persona moderada orienta hacia el bien sus apetitos sensibles, guarda una sana discreción y no se deja arrastrar para seguir la pasión de su corazón.

"Hijo mío, no sigas tus caprichos, refrena tus deseos" (Sir 18, 30).

Debemos "vivir en esta vida con templanza, justicia y piedad" (Tit 2, 12).

Quienes mueren sin Bautismo

San Pablo enseña que "Dios quiere que todos los hombres se salven y lleguen a conocer la verdad" (1 Tim 2, 4). Por eso, el *Catecismo* enseña que incluso quien no está bautizado puede salvarse, de manera extraordinaria, "de una forma que sólo Dios conoce":

"Cristo murió por todos, y la vocación última del hombre en realidad es una sola, es decir, la vocación divina. En consecuencia, debemos mantener que el Espíritu Santo ofrece a todos la posibilidad de que, de un modo conocido sólo por Dios, se asocien a este misterio pascual. Todo hombre que, ignorando el Evangelio de Cristo y su Iglesia, busca la verdad y hace la voluntad de Dios según él la conoce, puede ser salvado. Se puede suponer que semejantes personas habrían deseado explícitamente el Bautismo si hubiesen conocido su necesidad" (§1260).

"En cuanto a los niños muertos sin bautismo, la liturgia de la Iglesia nos invita a tener confianza en la misericordia divina y a orar por su salvación" (§1283).

"En cuanto a los niños muertos sin bautismo, la Iglesia sólo puede confiarlos a la misericordia divina como hace en el rito de las exequias por ellos. En efecto, la gran misericordia de Dios, que quiere que todos los hombres se salven y la ternura de Jesús con los niños, que le hizo decir: 'Dejen que los niños se acerquen a mí, no se lo impidan' (Mc 10, 14), nos permite confiar en que hay un camino de salvación para los niños que mueren sin bautismo. Por esto es más apremiante aún la llamada de la Iglesia a no impedir que los niños pequeños vengan a Cristo por el don del santo Bautismo" (§1261).

4 El Bautismo en la vida de la Iglesia

El Bautismo en los inicios de la Iglesia

En los primeros siglos, la Iglesia administraba en una única celebración, para adultos y niños, tres sacramentos: Bautismo, Confirmación y Eucaristía. Para los adultos había una preparación de tres años denominada catecumenado. En la Vigilia Pascual, el catecúmeno recibía los tres sacramentos.

Muchos documentos y citas dan cuenta del Bautismo durante los primeros siglos. Conoceremos algunos comentarios significativos de los "Padres de la Iglesia", que nos aclararán muchas cuestiones. Estos grandes hombres fueron los Padres que estructuraron la fe católica, iniciando con los Apóstoles, quienes afrontaron herejías y cismas. Entre ellos están san Jerónimo, san Basilio Magno, san Gregorio Magno, san Agustín, san Ireneo de Lyon, etcétera. Resulta interesante y de gran importancia conocer en cierta forma su pensamiento sobre el Bautismo durante los primeros siglos de la Iglesia.

Tertuliano (+220), obispo de Cesarea, escribió en el siglo III el "**Tratado sobre el Bautismo**" que proporciona datos importantes. Enseña que "los catecúmenos debían invocar a Dios en oraciones devotas, con ayunos, genuflexiones y vigilias". El ministro, el obispo, en la Vigilia Pascual, bendecía el agua; el catecúmeno renunciaba al demonio; a continuación, el ministro le preguntaba: "¿Crees en Dios Padre?". Luego de la respuesta afirmativa del catecúmeno, se le sumergía en agua; se le preguntaba todavía: "¿Crees en Dios Hijo?", y "¿Crees en Dios Espíritu Santo?". Después de cada respuesta se le sumergía en el agua. A continuación, se le ungía con aceite y recibía la imposición de manos, con la cual se le trasmitía el Espíritu Santo.

San Hipólito de Roma (+235) describió detalladamente el Bautismo en su **Tradición Apostólica**:

"Escuchen los catecúmenos la palabra durante tres años... Una vez elegidos quienes recibirán el Bautismo, se examinará su vida: si vivieron con dignidad como catecúmenos, si respetaron a las viudas, si visitaron a los enfermos, si practicaron buenas acciones... Al acercarse el día en que serán bautizados, exorcice el obispo a cada uno de ellos... Ayunen la víspera del sábado quienes recibirán el Bautismo... Ordénese a todos que oren y se arrodillen; al imponer las manos sobre ellos el obispo exorcizará todos los espíritus extraños para que salgan y nunca más regresen; al terminar el exorcismo, les soplará el rostro. Después de marcarles la frente, los oídos y la nariz con la señal de la cruz, hará que se levanten... Al canto del gallo, récese primero sobre el agua, en la fuente o derramándola desde lo alto... En caso de ser necesario, utilícese el agua que se tenga a la mano... Los bautizados se quitarán la ropa, y primero se bautizarán a **los niños**. Que hablen, todos los que puedan hablar por sí mismos. Los padres, o algún familiar, hablen por los que no pudieran hablar por sí mismos. Bautícense a los hombres y finalmente a las mujeres...".

Esta amplia descripción de cómo administrar el Bautismo, y que además continúa, muestra que este sacramento se realizaba en la madrugada del domingo, luego de un día completo de oraciones, lecturas y ayuno; la preparación era larga, con años de enseñanza y exorcismos (no de poseídos); bautizaban a los niños que aún no tenían edad para hablar; la unción del aceite después del bautismo equivale al sacramento de la Confirmación.

San Justino, mártir, (+151), I Apología 61:

"Quienes son bautizados por nosotros son llevados a un lugar donde haya agua y son regenerados de la misma manera como nosotros lo fuimos. Reciben en el nombre del Padre de todos, de nuestro Señor Jesucristo y del Espíritu Santo, la loción en el agua. Los Apóstoles nos entregaron este rito".

Didaché – La doctrina de los Apóstoles, el primer "catecismo" de la Iglesia (año 100):

"Respecto al Bautismo, bauticen así: una vez habiéndoles enseñado lo que precede, bauticen en nombre del Padre, y del Hijo, y del Espíritu Santo, en agua corriente; si no hubiera agua corriente, bautícese en otra agua. Si no puede hacerse en agua fría, hágase en agua caliente. Si no se tiene la suficiente, ni de una o de la otra, **derramar agua tres veces sobre la cabeza**, en nombre del Padre y del Hijo y del Espíritu Santo. Antes del bautismo, ayunen: el que bautiza, el que se bautiza y demás personas".

Claramente, aquí puede verse que desde el siglo I, la Iglesia ya administraba el Bautismo por efusión (derramando agua) y no sólo por inmersión (sumergimiento en el agua).

San Ireneo (140-202), quien fue obispo de Lyon:

"Jesús vino a salvar a todos aquellos que a través de él nacieran de nuevo [mediante el Bautismo] de Dios: **los recién nacidos**, los niños, los jóvenes, los viejos".

"El Bautismo nos concede la gracia de un nuevo nacimiento en Dios Padre a través de su Hijo en el Espíritu Santo. Porque los que tienen el Espíritu de Dios son llevados al Verbo, es decir, al Hijo; sin embargo, el Hijo los presenta con el Padre, y el Padre les concede la incorruptibilidad. Por lo tanto, sin el Espíritu Santo no es posible ver al Hijo de Dios, y sin el Hijo, nadie puede acercarse al Padre, ya que el conocimiento del Padre es el Hijo, y el conocimiento del Hijo de Dios se hace a través del Espíritu Santo" (Dem. 7).

Orígenes – obispo de Alejandría (184-285):

"La Iglesia recibió de los Apóstoles la Tradición de administrar también el Bautismo a los recién nacidos" (Ep. Ad. Rom. LV, 5,9).

San Cipriano, obispo de Cartago (210-258):

"No debemos alejar a los niños del Bautismo y de la gracia" (*Carta a Fido*).

Obsérvese que ya desde el siglo II existe testimonio de que la Iglesia bautizaba a los recién nacidos, como se sigue haciendo en nuestros días.

San Hilario (310-367):

"Todo lo que aconteció con Cristo nos da a conocer, después de la inmersión en agua, que el Espíritu vuela sobre nosotros desde lo alto del cielo y que, adoptados por la voz del Padre, nos convertimos en hijos de Dios" (*Mat*. 2).

El Concilio de Cartago (año 418), condenó el pelagianismo, rechazó la posición de "aquellos que niegan que debe bautizarse a quienes acaban de nacer del seno materno" (Canon 2, DS 223).

El Concilio de Florencia (año 1442), exigió que se administrara el Bautismo a los recién nacidos "lo más pronto que pueda hacerse de manera conveniente" (DS 1349).

Bautismo – de deseo y de sangre

La Iglesia siempre enseñó que las personas que mueren por la fe, sin haber recibido el Bautismo, son bautizadas por su muerte con Cristo. Este "bautismo de sangre", así como "el deseo de bautismo", ofrece los frutos del Bautismo mismo, sin ser sacramento. En cuanto a los catecúmenos que mueren antes de su bautismo, su deseo explícito de recibirlo, junto con el arrepentimiento de sus pecados y la caridad, les garantiza la salvación que no pudieron recibir mediante el sacramento (cfr. CCE §§1258, 1259).

¿Por qué bautizar a los niños?

Los testimonios antes citados demuestran que la Iglesia siempre bautizó a los niños. Al nacer con una naturaleza humana débil y manchada por el pecado original, los niños también necesitan el Bautismo (DS 1514), para liberarlos del poder de las tinieblas y conducirlos al reino de la libertad de los hijos de Dios, al que son llamados todos los hombres.

"Con alegría den gracias al Padre que los ha preparado para compartir la suerte de los consagrados en el reino de la luz; porque él los arrancó del poder de las tinieblas y los hizo entrar al Reino de su Hijo querido, por quien obtenemos el rescate, el perdón de los pecados" (Col 1, 12-14).

La gratuidad de la gracia de la salvación se demuestra en el bautismo de los niños. La Iglesia y los padres privarían entonces al niño de la gracia inapreciable de convertirse en hijo de Dios si no le confieren el Bautismo poco después del nacimiento (cfr. CIC can. 867).

La Iglesia enseña que la práctica de bautizar a los niños es una tradición inmemorial de la Iglesia. Se confirma explícitamente desde el siglo II. Sin embargo, puede ser bastante posible que, desde el inicio de la predicación apostólica, cuando "hogares" enteros recibían el Bautismo (Hech 16, 15. 33; 18,8; 1 Cor 1, 16), también se haya bautizado a los niños. Desde tiempos aún más antiguos, el Bautismo se administró a los niños, ya que es una gracia y un don de Dios que no supone méritos humanos; los niños son bautizados en la fe de la Iglesia.

La razón teológica por la que la Iglesia bautiza a los niños determina que el Bautismo no es una *inscripción* a un club, sino el **"renacer"** a una vida nueva de hijos de Dios, la cual se obtiene incluso si el niño no está consciente de dicha realidad. Este *renacimiento* del niño lo hace heredero de Dios, miembro de Jesucristo. A partir del Bautismo, la gracia obra en su corazón, como "principio sobrenatural". San Juan dice: "Nadie que sea hijo de Dios comete pecado, porque permanece en él la semilla de Dios; y no puede pecar, porque ha sido engendrado por Dios" (1 Jn 3, 9). Los niños no pueden profesar la fe, pero son bautizados en la fe de la Iglesia a solicitud de los padres.

La fe de los padres suple la falta de fe del niño.

San Agustín lo explica perfectamente: "Se presentan a los niños para recibir la gracia espiritual, no tanto por aquellos que los llevan en brazos (aunque también por ellos, si son buenos fieles), sino por la sociedad espiritual de los santos y de los fieles… Toda la madre Iglesia, presente en sus santos, actúa porque ella toda los engendra a todos y a cada uno" (Epist. 98, 5).

Ningún padre espera que su hijo llegue a la edad adulta para preguntarle si quiere recibir instrucción, ir a la escuela, vacunarse, etcétera. De ésta misma forma debe proceder con los valores espirituales. Si el día de mañana, este niño llega a rechazar su bautismo, en edad adulta, el mal será menor para él, así como sería menor si ya adulto renegara de sus estudios o de las vacunas que le dieron sus padres en la infancia.

La Biblia deja entrever que la Iglesia siempre bautizó a los niños.

En la casa del centurión Cornelio:

"Entonces intervino Pedro: ¿Puede alguien impedir que se bauticen con agua los que han recibido el Espíritu Santo igual que nosotros? Y ordenó que los bautizaran invocando el nombre de Jesucristo" (Hech 10, 47-48).

La comerciante Lidia de Filipo:

"Nos escuchaba una mujer llamada Lidia, comerciante en púrpura en Tiatira y persona devota. El Señor le abrió el corazón para que prestara atención al discurso de Pablo. Se bautizó con toda su familia y nos rogaba: si me tienen por creyente en el Señor, vengan a hospedarse a mi casa. Y les insistía" (Hech 16, 14-15).

El carcelero de Filipo:

"Ellos le contestaron: Cree en el Señor Jesús y te salvarás, tú con tu familia. Enseguida le anunciaron a él y a toda la familia el mensaje del Señor. Todavía de noche se los llevó, les lavó las heridas y se bautizó con toda su familia" (Hech 16, 31-33).

Crispo de Corinto:

"Crispo, jefe de la sinagoga, con toda su familia, creyó en el Señor y también muchos corintios que lo habían escuchado creyeron y se bautizaron" (Hech 18, 8).

De la misma manera los escritos de los Padres de la Iglesia dicen respecto al bautismo de los niños:

Orígenes de Alejandría (+250) y San Agustín (430) aseveran que "la costumbre de bautizar a los niños es una tradición que se recibió de los Apóstoles".

San Ireneo de Lyon (+202) considera obvia la presencia de "niños y pequeños" entre los bautizados (*Contra las herejías II*, 24, 4).

Un **Sínodo de África**, bajo san Cipriano de Cartago (+258) aprobó que se bautizaran a los niños "ya desde el segundo o tercer día luego del nacimiento" (Epist. 64).

El **Concilio regional de Cartago**, en 418, afirmó:

"También los más pequeños, que no hayan podido aún cometer un pecado, personalmente, son en verdad bautizados para la remisión de los pecados, a fin de que mediante la regeneración, se purifique lo que tienen de nacimiento" (Canon 2, DS 223).

En el **Credo del Pueblo de Dios**, el Papa Pablo VI afirmó:

"El Bautismo se debe administrar también a los niños que todavía no son culpables de pecados personales, para que, habiendo sido privados de la gracia sobrenatural, renazcan "del agua y del Espíritu Santo" a la vida divina en Cristo Jesús".

La Sagrada Escritura enseña que "todos pecaron" por el pecado de Adán, inclusive los niños:

Romanos 3, 23: "Todos han pecado y están privados de la presencia de Dios".

Romanos 5, 12. 19: "Así como por un hombre penetró el pecado en el mundo y por el pecado la muerte, así también la muerte se extendió a toda la humanidad, ya que todos pecaron. Como por la desobediencia de uno todos resultaron pecadores, así por la obediencia de uno todos resultarán justos".

Salmo 51, 7: "Mira, culpable nací, pecador me concibió mi madre".

5 El Bautismo en el Código de Derecho Canónico

El Código de Derecho Canónico rige toda la vida de la Iglesia; establece normas claras para que se administren el Bautismo y los demás sacramentos. Ahora transcribimos algunos de los canones (artículos) más relevantes para los fieles sobre el Bautismo. Las notas son del padre Jesus Hortal, doctor en Derecho Canónico.

Canon 849 – El bautismo, puerta de los sacramentos, cuya recepción de hecho o al menos de deseo es necesaria para la salvación, por el cual los hombres son liberados de los pecados, reengendrados como hijos de Dios e incorporados a la Iglesia, quedando configurados con Cristo por el carácter indeleble, se confiere válidamente sólo mediante la ablución con agua verdadera acompañada de la debida forma verbal.

La celebración del Bautismo

Canon 850 – El bautismo se administra según el ritual prescrito en los libros litúrgicos aprobados, excepto en caso de necesidad urgente, en el cual deben cumplirse sólo aquellas cosas que son necesarias para la validez del sacramento.

Canon 851 – Se ha de preparar convenientemente la celebración del bautismo; por tanto:

1° el adulto que desee recibir el bautismo ha de ser admitido al catecumenado y, en la medida de lo posible, ser llevado por pasos sucesivos a la iniciación sacramental, según el ritual de iniciación adaptado por la Conferencia Episcopal, y atendiendo a las normas peculiares dictadas por la misma;

2° los padres del niño que va a ser bautizado, y asimismo quienes asumirán la función de padrinos, han de ser convenientemente ilustrados sobre el significado de este sacramento y las obligaciones que lleva consigo; y debe procurar el párroco, personalmente o por medio de otras personas, que los padres sean oportunamente instruidos con exhortaciones pastorales e incluso con la oración en común, reuniendo a varias familias, y visitándolas donde sea posible hacerlo.

Canon 852 – § 1. Las disposiciones de los cánones sobre el bautismo de adultos se aplican a todos aquellos que han pasado de la infancia y tienen uso de razón.

§ 2. También por lo que se refiere al bautismo, el que no tiene uso de razón se asimila al infante.

Canon 853 – Fuera del caso de necesidad, el agua que se emplea para administrar el bautismo debe estar bendecida según las prescripciones de los libros litúrgicos.

Canon 854 – El bautismo se ha de administrar por inmersión o por infusión, de acuerdo con las normas de la Conferencia Episcopal.

Canon 844 – § 1. Los ministros católicos sólo administran lícitamente los sacramentos a los fieles católicos, quienes a su vez, sólo los reciben lícitamente de los ministros católicos, salvo lo prescrito en §§2, 3 y 4 de este canon y del canon 861, § 2.

CNBB tiene legislación complementaria sobre esta cuestión.

Canon 855 – Procuren los padres, los padrinos y el párroco que no se imponga un nombre ajeno al sentir cristiano.

Canon 856 – Aunque el bautismo puede celebrarse cualquier día, es sin embargo aconsejable que, de ordinario, se administre el domingo o, si es posible, en la vigilia Pascual.

Dónde debe llevarse a cabo el Bautismo

Canon 857 – § 1. Fuera del caso de necesidad, el lugar propio para el bautismo es una iglesia u oratorio.

§ 2. Como norma general, el adulto debe bautizarse en la iglesia parroquial propia, y el niño en la iglesia parroquial de sus padres, a no ser que una causa justa aconseje otra cosa.

Canon 858 – § 1. Toda iglesia parroquial ha de tener pila bautismal, quedando a salvo el derecho cumulativo ya adquirido por otras iglesias.

§ 2. El Ordinario del lugar, habiendo oído al párroco del lugar del que se trate, puede permitir o mandar que, para comodidad de los fieles, haya también pila bautismal en otra iglesia u oratorio dentro de los límites de la parroquia.

Canon 859 – Si, por la lejanía u otras circunstancias, el que ha de ser bautizado no puede ir o ser llevado sin grave inconveniente a la iglesia parroquial o a aquella otra iglesia u oratorio de que se trata en el canon 858 § 2, puede y debe conferirse el bautismo en otra iglesia u oratorio más cercanos, o en otro lugar decente.

Canon 860 – § 1. Fuera del caso de necesidad, no debe administrarse el bautismo en casas particulares, a no ser que el Ordinario del lugar lo hubiera permitido por causa grave.

§ 2. A no ser que el Obispo diocesano establezca otra cosa, el bautismo no debe celebrarse en los hospitales, exceptuando el caso de necesidad o cuando lo exija otra razón pastoral.

Quién debe bautizar

Canon 861 – § 1. Quedando en vigor lo que prescribe el canon 530, 1, es ministro ordinario del bautismo el Obispo, el presbítero y el diácono.

§ 2. Si está ausente o impedido el ministro ordinario, administra lícitamente el bautismo un catequista u otro destinado para esta función por el Ordinario del lugar, y, en caso de necesidad, cualquier persona que tenga la debida intención; y han de procurar los pastores de almas, especialmente el párroco, que los fieles sepan bautizar debidamente.

Nota del padre Jesus Hortal[1]: Mediante rescripto de la Sagrada Congregación para los Sacramentos, del 24 de agosto de 1970 (prot. 877/70), la CNBB fue facultada para permitir que las diócesis de Brasil pudieran nombrar laicos (por lo tanto, también religiosas o religiosos no ordenados) como *ministros extraordinarios del Bautismo*. La misma comunicación confería a la CNBB la tarea de señalar los criterios de juicio para definir el caso de "ausencia" física o moral del ministro ordinario del Bautismo. La CNBB, por decisión de la Comisión Central (12/09/70), delegó a las comisiones Episcopales Regionales la señalización de dichos criterios. Ahora, esto está a cargo del Obispo diocesano.

Canon 862 – Exceptuando el caso de necesidad, a nadie es lícito bautizar en territorio ajeno sin la debida licencia, ni siquiera a sus súbditos.

Canon 863 – Ofrézcase al Obispo el bautismo de los adultos, por lo menos el de aquellos que han cumplido ca-

1 N del E: Actualmente, la Conferencia del Espiscopado Mexicano no ha determinado la institución de este ministerio.

torce años, para que lo administre él mismo, si lo considera conveniente.

Quién puede ser bautizado

Canon 864 – Es capaz de recibir el bautismo todo ser humano aún no bautizado, y sólo él.

Canon 865 – § 1. Para que pueda bautizarse a un adulto, se requiere que haya manifestado su deseo de recibir este sacramento, esté suficientemente instruido sobre las verdades de la fe y las obligaciones cristianas y haya sido probado en la vida cristiana mediante el catecumenado; se le ha de exhortar además a que tenga dolor de sus pecados.

§ 2. Puede ser bautizado un adulto que se encuentre en peligro de muerte si, teniendo algún conocimiento sobre las verdades principales de la fe, manifiesta de cualquier modo su intención de recibir el bautismo y promete que observará los mandamientos de la religión cristiana.

Canon 866 – A no ser que obste una causa grave, el adulto que es bautizado debe ser confirmado inmediatamente después del bautismo y participar en la celebración eucarística, recibiendo también la comunión.

Nota: El documento de la CNBB "Pastoral del Bautismo" /en "Pastoral de los Sacramentos de Iniciación Cristiana". Col. Documentos de la CNBB, n. 2ª). Sobre los problemas teológicos concernientes al Bautismo de los niños cfr la Instrucción de la S.C. para la Doctrina de la Fe, del 20 de octubre de 1960.

Canon 867 – § 1. Los padres tienen obligación de hacer que los hijos sean bautizados en las primeras semanas; cuanto antes después del nacimiento e incluso antes de él, acudan al párroco para pedir el sacramento para su hijo y prepararse debidamente.

§ 2. Si el niño se encuentra en peligro de muerte, debe ser bautizado sin demora.

Qué se necesita para poder bautizar a un niño

Canon 868 – § 1. Para bautizar lícitamente a un niño, se requiere:

1° que den su consentimiento los padres, o al menos uno de los dos, o quienes legítimamente hacen sus veces;
2° que haya esperanza fundada de que el niño va a ser educado en la religión católica; si falta por completo esa esperanza debe diferirse el bautismo, según las disposiciones del derecho particular, haciendo saber la razón a sus padres.

§ 2. El niño de padres católicos, e incluso de no católicos, en peligro de muerte, puede lícitamente ser bautizado, aun contra la voluntad de sus padres.

Cuando hay duda de si alguien ya fue bautizado

Canon 869 – § 1. Cuando hay duda sobre si alguien fue bautizado, o si el bautismo fue administrado válidamente, y la duda persiste después de una investigación cuidadosa, se le ha de bautizar bajo condición.

§ 2. Los bautizados en una comunidad eclesial no católica, no deben ser bautizados bajo condición, a no ser que haya un motivo serio para dudar de la validez de su bautismo, atendiendo tanto a la materia y a la fórmula empleadas en su administración, como a la intención del bautizado, si era adulto, y del ministro.

§ 3. Si, en los casos de que tratan los §§1 y 2, hay duda sobre la administración del bautismo o sobre su validez, no se debe administrar el sacramento antes de que se haya enseñado la doctrina sobre el mismo a quien ha de recibirlo, si es adulto, y se hayan manifestado a él, o a sus padres si se trata de un infante, los motivos por los cuales es dudosa la validez del bautismo anteriormente celebrado.

En qué iglesias protestantes es válido el Bautismo[2]

Nota: El § 2 contiene la presunción de la validez del Bautismo que confieren las comunidades acatólicas, y se reafirma en el n°. 95 del nuevo Directorio Ecuménico. En Brasil, para complementar el primer Directorio, el Secretariado Nacional de Teología realizó una investigación sobre la manera de conferir el Bautismo en las comunidades acatólicas presentes en nuestro país. Los resultados de dicha investigación, complementados posteriormente, se incluyeron en el artículo "Bautismo" de la Guía Ecuménica (Col. Estudios de la CNBB, n. 21). Se concluyó lo siguiente:

I. Es indudable que las Iglesias que bautizan válidamente son diversas; por esta razón, el cristiano bautizado en alguna de éstas, por lo común no puede ser rebautizado, ni siquiera condicionado. Esas Iglesias son:

a) Iglesias Orientales ("Ortodoxas", que no están en plena comunión con la Iglesia católica romana; por lo menos, seis de ellas están presentes en Brasil);

b) Iglesia veterocatólica;

c) Iglesia Episcopal del Brasil ("Anglicanos");

2 N del E: En México no contamos con un listado semejante.

d) Iglesia Evangélica de Confesión Luterana en Brasil (IECLB);

e) Iglesia evangélica Luterana de Brasil (IELB);

f) Iglesia Metodista.

II. Hay diversas Iglesias, en las que aunque no se justifique ninguna reserva en cuanto al rito bautismal prescrito, aún así y debido a la concepción teológica que tienen del Bautismo, por ejemplo, que el Bautismo no se justifica y que por ello no es tan necesario-, algunos de sus pastores, según parece, no manifiestan comúnmente la urgencia de bautizar a sus fieles o apegarse fielmente al rito bautismal prescrito: también en esos casos, cuando se tiene la garantía de que la persona fue bautizada según el rito prescrito por dichas Iglesias, no puede rebautizarse, ni bajo condición. Estas Iglesias son:

a) Iglesias presbiterianas;

b) Iglesias bautistas;

c) Iglesias congregacionales;

d) Iglesias adventistas;

e) La mayor parte de las Iglesias pentecostales (Asamblea de Dios, Congregación Cristiana del Brasil, Iglesia del Evangelio Cuadrangular, Iglesia Dios es Amor, Iglesia Evangélica Pentecostal "Brasil para Cristo");

f) Ejército de Salvación (este grupo no acostumbra bautizar, pero cuando lo hace, lo lleva a cabo de manera válida en cuanto al rito).

III. Hay Iglesias, cuyo bautismo puede ponerse prudentemente en duda, y por dicha razón se requiere por norma general, la administración de un nuevo Bautismo, con condiciones. Estas Iglesias son:

a) Iglesia Pentecostal Unida de Brasil (esta Iglesia bautiza sólo "en nombre del Señor Jesús", y no en nombre de la Santísima Trinidad);

b) Las "Iglesias brasileñas" (aunque no pueda hacerse ninguna objeción en cuanto a la materia o a la forma que emplean las "Iglesias brasileñas", aún así, se puede y debe dudar de la intención de sus ministros; cfr. Comunicado Mensual de la CNBB, septiembre de 1973, p. 1227, c. n. 4; cfr. también, la "Guía Ecuménica", o el artículo "Brasileiras, Iglesias");

c) Mormones (niegan la divinidad de Cristo en el sentido auténtico y en consecuencia su papel redentor).

IV. Con toda certeza, bautizan sin validez alguna:

a) Testigos de Jehová (niegan la fe en la Trinidad);

b) Ciencia Cristiana (el rito que practica, bajo la denominación de Bautismo, tiene materia y forma ciertamente inválidas. Algo parecido puede decirse de ciertos ritos que bajo el nombre de Bautismo, practican algunos grupos religiosos no cristianos, como Umbanda).

Canon 870 – El niño expósito o que se halló abandonado, debe ser bautizado, a no ser que conste su bautismo después de una investigación diligente.

Canon 871 – En la medida de lo posible se deben bautizar los fetos abortivos, si viven.

Canon 872 – En la medida de lo posible, a quien va a recibir el bautismo se le ha de dar un padrino, cuya función es asistir en su iniciación cristiana al adulto que se bautiza, y, juntamente con los padres, presentar al niño que va a recibir el bautismo y procurar que después lleve una vida cristiana congruente con el bautismo y cumpla fielmente las obligaciones inherentes al mismo.

Canon 873 – Téngase un solo padrino o una sola madrina, o uno y una.

Condiciones para ser padrino

Canon 874 – *§ 1. Para que alguien sea admitido como padrino, es necesario que:*

1° haya sido elegido por quien va a bautizarse o por sus padres o por quienes ocupan su lugar o, faltando éstos, por el párroco o ministro; y que tenga capacidad para esta misión e intención de desempeñarla;

2° haya cumplido dieciséis años, a no ser que el Obispo diocesano establezca otra edad, o que, por justa causa, el párroco o el ministro consideren admisible una excepción;

3° sea católico, esté confirmado, haya recibido ya el santísimo sacramento de la Eucaristía y lleve, al mismo tiempo, una vida congruente con la fe y con la misión que va a asumir;

4° no esté afectado por una pena canónica, legítimamente impuesta o declarada;

5° no sea el padre o la madre de quien se ha de bautizar.

§ 2. El bautizado que pertenece a una comunidad eclesial no católica sólo puede ser admitido junto con un padrino católico, y exclusivamente en calidad de testigo del bautismo.

Canon 875 – Quien administra el bautismo procure que, si falta el padrino, haya al menos un testigo por el que pueda probarse su administración.

Canon 876 – Si no se causa perjuicio a nadie, para probar el bautismo basta la declaración de un solo testigo inmune de toda sospecha, o el juramento del mismo bautizado, si recibió el sacramento siendo ya adulto.

Canon 877 – § 1. El párroco del lugar en que se celebra el bautismo debe anotar diligentemente y sin demora en el libro de bautismo el nombre de los bautizados, haciendo mención del ministro, los padres, padrinos, testigos, si los hubo, y el lugar y día en que se administró, indicando asimismo el día y lugar del nacimiento.

§ 2. Cuando se trata de un hijo de madre soltera, se ha de inscribir el nombre de la madre, si consta públicamente su maternidad o ella misma lo pide voluntariamente por escrito o ante dos testigos; y también se ha de inscribir el nombre del padre, si su paternidad se prueba por documento público o por propia declaración ante el párroco y dos testigos; en los demás casos, se inscribirá sólo el nombre del bautizado, sin hacer constar para nada el del padre o de los padres.

§ 3. Si se trata de un hijo adoptivo, se inscribirá el nombre de quienes lo adoptaron y también, al menos si así se hace en el registro civil de la región, el de los padres naturales, según lo establecido en los §§1 y 2, teniendo en cuenta las disposiciones de la Conferencia Episcopal.

(Existe Legislación Complementaria de la CNBB sobre esta cuestión).

Canon 878 - Si el bautismo no fue administrado por el párroco ni estando él presente, el ministro, quienquiera que sea, debe informar al párroco de aquella parroquia en la cual se administró el sacramento, para que haga la inscripción según indica el canon 877 §1.

6 El rito del Bautismo

En la celebración del Bautismo, todo tiene un sentido profundo

El significado y la gracia del sacramento del Bautismo son evidentes en la celebración de sus ritos. Al acompañar con participación atenta los gestos y palabras de esta celebración, se inicia a los fieles en el inconmensurable valor que significa este sacramento y lo que realiza en cada nuevo bautizado.

1. Canto de Entrada

2. Acogida de los padres, padrinos, familiares y amigos.

3. Diálogo Inicial:

Sacerdote – Hermanos: con gozo han vivido ustedes en el seno de su familia, el nacimiento de un niño. Con gozo vienen ahora a la iglesia a dar gracias a Dios y a celebrar el nuevo y definitivo nacimiento por el Bautismo. ¿Qué nombre quieren darle ustedes a su hijo(a)?

Respuesta. Los padres dicen el nombre del niño.

Sacerdote – Queridos padres y madres, ¿qué piden ustedes a la Iglesia de Dios para N.?

Respuesta: el Bautismo.

Sacerdote – Ustedes, papás que piden el Bautismo para sus hijos, deben darse cuenta de que contraen la obligación de educarlos en la fe, para que, guardando los mandamientos divinos, amen a Dios y a su prójimo, como Cristo nos enseñó. ¿Se dan ustedes cuenta de la obligación que contraen?

Respuesta: Sí, nos damos cuenta.

Sacerdote – Y ustedes, padrinos, ¿están dispuestos a ayudar a los padres de estos niños a cumplir con esa obligación?

Respuesta. Sí, estamos dispuestos.

4. Señal de la cruz

La señal de la cruz al inicio de la celebración, imprime la marca de Cristo en quien le va a pertenecer y significa la gracia de la redención que Cristo nos dio por su cruz.

Sacerdote – N., N., la comunidad cristiana los recibe a ustedes con gran alegría. En nombre de ella yo los marco con la señal de la cruz. Y ustedes, papás (y padrinos), hagan también sobre ellos la señal de la cruz.

5. Rito de la Palabra

El anuncio de la Palabra de Dios ilumina con verdad revelada a los candidatos y a la asamblea, y genera la respuesta de fe, inseparable del Bautismo. El Bautismo es especialmente el "Sacramento de la Fe", toda vez que es puerta sacramental en la vida de fe. Gál 3, 26-28: "Los que se han bautizado consagrándose a Cristo se han revestido de Cristo…".

Salmo Responsorial – Sal 22- El Buen Pastor.

Evangelio – Jn 3, 1-6: "Te aseguro que, si uno no nace del agua y del Espíritu, no puede entrar en el reino de Dios".

6. Unción prebautismal

El celebrante unge al niño en el pecho con aceite, que simboliza la fuerza de Cristo al entrar en la vida de los bautizados.

7. Rito Sacramental

Exhortación del celebrante

Bendición del agua (si el agua necesita bendecirse)

El **agua bautismal** se consagra entonces mediante una oración epíclesis (invocación del Espíritu Santo). La Iglesia le pide a Dios que, por su Hijo, el poder del Espíritu Santo descienda sobre el agua, para que quienes fueran bautizados en ella "nazcan del agua y del Espíritu" (Jn 3, 5).

Promesas del Bautismo – renuncia a Satanás y profesión de fe.

El Bautismo significa la liberación del pecado y de su instigador, el Diablo; por eso, en el Rito del Bautismo, se pronuncia un (o varios) *exorcismo*(s) sobre el candidato. Se unge a éste con el aceite de los catecúmenos o en ese momento el celebrante le impone la mano, y el candidato o los padres y padrinos renuncian explícitamente a Satanás. Ya preparado de esa manera, puede *confesar la fe de la Iglesia* a la que se le "confía" por el Bautismo (cfr. Rom 6, 17).

Bautismo

Continúa ahora el rito esencial del sacramento: el Bautismo propiamente dicho, que significa y realiza la muerte al pecado y la entrada en la vida de la Santísima Trinidad por medio de la configuración con el misterio pascual de Cristo.El Bautismo se realiza de manera más significativa mediante la triple inmersión en el agua bautismal. Sin embargo, desde la antigüedad, también puede concedérsele el bautismo derramando agua tres veces sobre la cabeza del candidato.

En la Iglesia latina, esta triple inmersión va acompañada de las palabras del ministro: "(Nombre de la persona), yo te bautizo en el nombre del Padre, y del Hijo, y del Espí ritu Santo".

8. Ritos Complementarios

Unción postbautismal –La unción con el santo Crisma, aceite perfumado consagrado por el obispo, significa el don del Espíritu Santo al nuevo bautizado. Éste se convirtió en cristiano, es decir, fue "ungido" del Espíritu Santo, incorpora-do a Cristo, quien es ungido sacerdote, profeta y rey (cfr. OBP 62). Launción con el oleo del Crisma significa además que a través del Bautismo, los niños se convertirán en sacerdo-tes (consagrarán sus vidas a Dios), profetas (anunciarán el Evangelio) y reyes (herederos del Reino de los cielos).

Vestidura bautismal – Simboliza que el niño se reviste de Cristo en el Bautismo, como nueva creatura, hijo de Dios, libre de la esclavitud del pecado y del demonio. La **vestidura blanca** que recibe quien está siendo bautizado simboliza que "se revistió de Cristo" (cfr. Gál 3, 27), resucitó con Cristo. Ahora, el nuevo bautizado es hijo de Dios en el Unigénito.

Rito de la luz – Iluminados por la luz de Cristo, los bautizados pueden, con la ayuda de los padres y padrinos, ser luz del mundo. La vela encendida en el cirio pascual significa que Cristo iluminó al neófito. En Cristo, los bautizados son "luz del mundo" (Mt 5, 14; cfr. Fl 2, 15).

Sacerdote – ¡Reciban la luz de Cristo!
Respuesta: ¡Demos gracias a Dios!

9. Entrega de la sal (optativo)

Ustedes son la sal de la tierra y la luz del mundo.

10. Effatá (optativo)

El celebrante toca la boca y los oídos del niño y dice:
"El Señor Jesús, que hizo oír a los sordos y hablar a los mudos, te conceda, a su tiempo, escuchar su Palabra y profesar la fe, para alabanza y gloria de Dios Padre". Amén.

11. Ritos Finales

–**Padre nuestro** – El celebrante exhorta a orar con el Padre nuestro, con estas o parecidas palabras.

Sacerdote: Estos hermanos, que han renacido por el Bautismo, y que ya se llaman y son hijos de Dios, recibirán la plenitud del Espíritu Santo por la Confirmación, y, cuando se acerquen al altar del Señor, participarán de la mesa de su sacrificio, y llamarán Padre a Dios, en medio de la asamblea cristiana. Ahora, con el espíritu de hijos adoptivos de Dios, que todos hemos recibido, oremos juntos como el Señor nos enseñó a orar.

–Oración por los niños, padres y padrinos.

–Bendición final

Despedida.

Renovación de las promesas del Bautismo

Toda vez que el Bautismo es de gran importancia para nuestra vida espiritual, la Iglesia recomienda la práctica constante de la renovación de las promesas del Bautismo. Enseguida, menciono algunas formas para realizar dicha renovación.

Sacerdote: ¿Renuncian a Satanás?

Todos: Sí, renuncio.

Sacerdote: ¿Y a todas sus obras?

Todos: Sí, renuncio.

Sacerdote: ¿Y a todas sus seducciones?

Todos: Sí, renuncio.

O bien…

Sacerdote: ¿Renuncian al pecado, para que puedan vivir en la libertad de los hijos de Dios?

Todos: Sí, renuncio.

Sacerdote: ¿Renuncian a las seducciones del mal, para que el pecado no los esclavice?

Todos: Sí, renuncio.

Sacerdote: ¿Renuncian a Satanás, Padre y autor del pecado?

Todos: Sí, renuncio.

Si así conviniera, las Conferencias Episcopales pueden adaptar esta segunda fórmula considerando las circunstancias de tiempo y lugar.

Después, el sacerdote continúa:

Sacerdote: ¿Creen en Dios Padre todopoderoso, creador del cielo y de la tierra?

Todos: Sí, creo.

Sacerdote: ¿Creen en Jesucristo, su único Hijo, Señor nuestro, que nació de María Virgen, padeció, fue sepultado, resucitó de entre los muertos y está sentado a la derecha del Padre?

Todos: Sí, creo.

Sacerdote: ¿Creen en el Espíritu Santo, en la santa Iglesia católica, en la comunión de los santos, en el perdón de los pecados, en la resurrección de los muertos y en la vida eterna?

Todos: Sí, creo.

Sacerdote: Ésta es nuestra fe. Ésta es la fe de la Iglesia, que nos gloriamos de profesar, a Jesucristo, nuestro Señor.

Todos: Amén.

7 Enseñanzas de los santos Doctores

San Agustín, doctor de la Iglesia, siglos IV-V

Nueva creatura en Cristo

Mis palabras las dirijo a ustedes, pequeños hijos recién nacidos en Cristo, nueva prole de la Iglesia, gracia del Padre, fecundidad de la Madre, germen santo, multitud renovada, flor de nuestra honra y fruto de nuestro trabajo, mi alegría y corona, ustedes todos que permanecen firmes en el Señor.

Les hablo con las palabras del Apóstol: "Revístanse del Señor Jesucristo y no se dejen conducir por los deseos del instinto" (Rom 13, 14), para que también en la vida, se revistan de quien se revistieron en el sacramento. "Los que se han bautizado consagrándose a Cristo se han revestido de Cristo. Ya no se distinguen judío y griego, esclavo y libre, hombre y mujer, porque todos ustedes son uno con Cristo Jesús" (Gál 3, 27-28).

En esto reside la fuerza del sacramento: es el sacramento de la vida nueva que comienza en el tiempo presente por la remisión de todos los pecados pasados, y actuará en plenitud en la resurrección de los muertos. "Por el bautismo fuimos sepultados con él en la muerte, para que así como Cristo resucitó de la muerte… también nosotros llevemos una vida nueva" (cfr. Rom 6, 4).

Ahora caminan por la fe, y viven en este cuerpo mortal como peregrinos lejos del Señor. Sin embargo, el camino seguro es precisamente hacia quien ustedes se dirigen, a Jesucristo, que se hizo hombre por el amor que tiene por nosotros. Preparó para sus hijos fieles, un gran tesoro de felicidad, que se revelará y dará en abundancia a quienes lo esperan, cuando recibamos lo que ahora recibimos sólo en esperanza.

Hoy es el octavo día de su nacimiento. Hoy se completa en ustedes la señal de la fe que, entre los antiguos patriarcas, consistía en la circuncisión del cuerpo en el octavo día después del nacimiento según la carne. Por eso, el Señor, despojándose por su resurrección de la mortalidad de la carne y revistiéndose de un cuerpo no diferente pero sí inmortal, consagró al resucitar el "día del Señor", que es el tercer día después de su Pasión; sin embargo, en la cuenta semanal de los días, es el octavo a partir del sábado, y coincide con el primer día de la semana.

En consecuencia, ustedes también participan del mismo misterio, aún no en realidad perfecta, pero con la certeza de la esperanza, porque recibieron la garantía del Espíritu. En efecto, "si han resucitado con Cristo, busquen los bienes del cielo, donde Cristo está sentado a la derecha de Dios, piensen en las cosas del cielo, no en las de la tierra. Porque ustedes están muertos y su vida está escondida con Cristo en Dios. Cuando se manifieste Cristo, que es vida de ustedes, entonces también ustedes aparecerán con él, llenos de gloria" (Col 3, 1-4).

Somos herederos de Dios, coherederos de Cristo

(Dos cartas)

El Apóstol dice: Quien hace morir las obras de la carne a través del Espíritu, vivirá. No se admira de que viva, ya que tiene el Espíritu de Dios y se convierte en hijo de Dios. Es verdadero hijo de Dios porque no recibe el espíritu de servidumbre, sino de adopción de los hijos, a fin de que el Espíritu Santo de a nuestro espíritu el testimonio de que somos hijos de Dios. Este testimonio procede del Espíritu Santo, porque él mismo clama en nuestros corazones: "¡Abba! ¡Padre mío!", como lo dice la carta a los Gálatas. Gran testimonio es que somos hijos de Dios, porque de esa forma somos herederos de Dios, coherederos de Cristo. Coheredero es quien es glorificado junto con él; y quien comparte la gloria es aquel que sufriendo por él, padece con él.

Para animar en nosotros la Pasión, Pablo añade que todo cuanto sufrimos es poco y sin proporción alguna con las recompensas de los bienes futuros que se revelarán en nosotros. Recreados a imagen de Dios, merecemos ver su gloria frente a frente.

Para acrecentar la grandeza de la revelación futura, el Apóstol añade que también las creaturas están en espera de esta revelación de los hijos de Dios, a pesar de que ahora están sometidos, no por su propia voluntad, sino en la esperanza. Esperan de Cristo la paga de sus servicios. Es decir, se verán liberados de la esclavitud de la corrupción, para que también sean incluidos en la libertad de la gloria de los hijos de Dios. Así, cuando se revele su gloria habrá una única libertad, la libertad de las creaturas y de los hijos de Dios. Es cierto que hoy, debido a la demora interminable de la revelación, toda creatura gime, ya que aguarda con ansia nuestra adopción y redención gloriosa, al dar a luz el Espíritu de salvación, deseando liberarse del sometimiento a la vanidad.

El sentido es evidente: al poseer las primicias del Espíritu, gimen, esperando la adopción de los hijos. Esta adopción es la redención de todo el cuerpo, cuando como hijo adoptivo de Dios, se presentará ante el Bien divino y eterno. Se da la adopción de los hijos en la Iglesia del Señor, cuando clama el espíritu: "Abba, Padre", como se les dice a los Gálatas. Aún así, sólo será perfecta en el momento en que todos resuciten, incorruptos, hermosos, gloriosos, todos aquellos que merecerán contemplar el rostro de Dios. Sólo entonces, la condición humana se sentirá verdaderamente redimida. Por eso, se regocija el Apóstol al decir: "Con esa esperanza nos han salvado". La esperanza salva a semejanza de la fe, ya que se dice: "Tu fe te ha salvado".

San León Magno, Papa y doctor de la Iglesia, siglo V

Cristiano, ten conciencia de tu dignidad

(Dos sermones)

Amados hijos míos, hoy nació nuestro Salvador. Alegrémonos. No puede haber tristeza en el día en que nace la vida; una vida que, al disipar el temor de la muerte, nos llena de alegría con la promesa de la eternidad.

Nadie está excluido de participar de esta felicidad. La causa de la alegría es común para todos, porque nuestro Señor, vencedor del pecado y de la muerte, al no encontrar a nadie exento de culpa, vino a liberar a todos. Regocíjese el justo, porque se acerca la victoria; llénese de júbilo el pecador, porque se le ha dado el perdón; recobre ánimos el pagano porque se le llama a la vida.

Cuando llegó la plenitud de los tiempos, establecida por los insondables designios divinos, el Hijo de Dios asumió la naturaleza del hombre para reconciliarlo con su Creador, de tal forma que el demonio, autor de la muerte, fuera vencido por la misma naturaleza que había vencido.

Por eso, en el nacimiento del Señor, los ángeles cantan jubilosos: "Gloria a Dios en lo alto –y dicen– ¡y en la tierra paz a los hombres amados por él!" (Lc 2, 14). Ven a la Jerusalén celeste formada por todas las naciones del mundo. Ante esta obra inefable del amor divino, ¿cómo no habrían de alegrarse los hombres en su pequeñez, cuando los ángeles, en su grandeza, se regocijan de tal manera?

Amados hijos, demos gracias a Dios Padre por su Hijo, en el Espíritu Santo; porque en la inmensa misericordia con que nos amó, se compadeció de nosotros. Y "estando nosotros muertos por nuestros pecados, nos hizo revivir con Cristo" (Ef 2, 5). Para que fuéramos en él una nueva creación, obra nueva de sus manos.

Por lo tanto, despojémonos del hombre viejo con sus actos; y al ser admitidos a participar del nacimiento de Cristo, renunciemos a las obras de la carne.

Cristiano, ten conciencia de tu dignidad. Y si bien ya participas de la naturaleza divina, no regreses a los errores de antes con un comportamiento indigno de tu condición. Recuerda que fuiste arrancado del poder de las tinieblas y fuiste llevado a la luz y al Reino de Dios.

Mediante el sacramento del Bautismo eres ahora templo del Espíritu Santo. No expulses con malas acciones a tan gran huésped, no recaigas bajo el yugo del demonio, porque el precio de tu salvación es la sangre de Cristo.

San Ambrosio, obispo y doctor de la Iglesia – Siglo IV

Renacemos del agua y del Espíritu Santo

¿Qué viste en el bautisterio? Sin la menor duda viste agua, pero no sólo agua; también viste a los levitas que servían. Viste al sumo sacerdote que interrogaba y consagraba. El Apóstol te enseñó que una vez que empiezas nunca dejes de contemplar lo que está a la vista, pero en las cosas que no se ven, porque las que se ven son temporales: eternas son las que no se ven. En otro lugar encuentras: El Dios invisible se insinúa desde la creación del mundo en todo lo que fue hecho, de la misma forma en que su poder eterno y divinidad se traslucen en sus obras. El Señor también dice: "Si no crees en mí, cree al menos en las obras". Por lo tanto, cree que estás en la presencia de la divinidad. Si crees en las acciones, ¿por qué no crees en la presencia? ¿De dónde procedería la acción si la presencia no la precediera?

Date cuenta que es un misterio muy antiguo, prefigurado en el origen mismo del mundo. Por lo tanto, en el principio, cuando Dios hizo el cielo y la tierra, "el espíritu se movía sobre la superficie de las aguas". ¿Acaso no actuaba aquel que se movía? Debes saber que operaba en la creación del mundo, con las palabras del Profeta que te dice: "Por la palabra del Señor se sostienen los cielos, y por el espíritu de su boca, todos sus ejércitos". Ambas sentencias se basan en el testimonio profético: que se movía y operaba. Moisés dice que se movía; David da testimonio de que operaba.

Hay además otro testimonio. Toda la carne se corromperá por sus iniquidades. Y se dice: Mi espíritu no permanecerá en los hombres porque son carnales. Con esto, Dios mostró que la impureza de la carne y la mancha de un pecado grave retiran la gracia espiritual. Dios quiso entonces renovar lo que faltara; envío el diluvio y le ordenó al justo Noé que subiera al arca. Según leemos, al terminar el diluvio, Noé dejó salir primero al cuervo, y luego a la paloma, que regresó con una rama de olivo. Ves el agua, ves el madero, ves la paloma y, ¿dudas aún del misterio?

Pues, el agua está ahí para bañar el cuerpo, lo lava de todo pecado corporal, y en él queda sepultada toda torpeza; Jesucristo fue clavado al madero y padeció por nosotros; y el Nuevo Testamento nos dice que el Espíritu Santo descendió con apariencia de paloma, y esto te inspira paz en el alma y tranquilidad de espíritu.

Lista de siglas

CCE – *Catechismum Catholicae Ecclesiae*
CIC – *Codex Iuris Canonici*
DS – *Denzinger-Schönmetzer, Enchiridion Symbolorum*
LG – *Lumen gentium*
OBP – *Ordo baptismi parvolorum*
SC – *Sacrosanctum concilium*
UR – *Unitatis redintegratio*